Elisabeth Lukas

In der Trauer lebt die Liebe weiter

Elisabeth Lukas

In der Trauer lebt die Liebe weiter

Mit Fotos von Rita Briese

Kösel

4. Auflage 2005

Druck und Bindung: Kösel, Krugzell
Umschlag: Elisabeth Petersen, München
Umschlagmotiv: Rita Briese, München
ISBN 3-466-36516-3

Gedruckt auf umweltfreundlich hergestelltem Bilderdruckpapier
(säurefrei und chlorfrei gebleicht)

Die Fotografien dieses Buches
sind aus der Trauer einer
Mutter entstanden.

In ihrer Trauer lebt ihre Liebe
zu ihrem verstorbenen Sohn weiter.

Deshalb widme ich dieses Buch allen
trauernden Müttern der Welt.

ELISABETH LUKAS

Inhalt

Trauer ist mehr als ein Gefühl

Die Trauer ist keineswegs bloß ein Gefühl, vielleicht gar ein miserables Gefühl. Denn Gefühle kann man auch künstlich erzeugen, z.B. mit Hilfe von Drogen und Psychopharmaka oder mittels elektrischer Reizungen bestimmter Gehirnareale. Gefühle kann man abstumpfen und sogar auslöschen, z.B. durch Abhärtung, Drill, Manipulation oder die Durchschneidung von Nervenbahnen. Gefühle sind innere Zustände, die kommen und gehen, manchmal einer äußeren Sachlage angemessen, manchmal nicht. Experimentelle Tierversuche beweisen, dass man etwa einen Hahn im Käfig innerhalb von 15 Minuten wütend, hungrig, sexfreudig oder schläfrig machen kann, je nachdem, welchen Auslöseimpulsen man ihn aussetzt. Menschen würden ähnlich reagieren.

Mit der Trauer verhält es sich anders. Sie sitzt tief im Herzen, im geistig-seelischen Zentrum der Person und ist weder herbeizuzaubern noch wegzuillusionieren. Sie ist viel mehr als ein Gefühl, nämlich ein *Wissen um ein verlorenes Kostbares*. Nichts kann dieses Wissen ausradieren. Selbst Betäubungsmittel verhindern nicht, dass es in jedem Augenblick des Aufwachens sofort wieder zur Stelle ist. Genauso kann nichts den Verlust ungeschehen machen. »Ersatzobjekte« irgendwelcher Art verdeutlichen nur noch intensiver die Unersetzlichkeit des Verlorenen. Ferner kann nichts das Kostbare entwerten. Gerade im Verlust brennt sich seine Werthaftigkeit überschmerzlich ins Bewusstsein ein. Den Trauernden begleitet jenes Wissen wie eine nicht abzuschaltende Flüsterstimme auf seinem weiteren Lebensweg, von Zeit zu Zeit lauter oder leiser werdend, aber stets wehmütig vom einst Kostbaren erzählend.

Ja, der Trauernde ist ein Wissender, in vielerlei Hinsicht. Doch seltsam: das nicht abzuschüttelnde Wissen um das Verlorene kann ihm bei der Bewältigung seines Leides helfen. Es öffnet ihm gleichsam Tore der Erkenntnis. Sollte er sie durchschreiten, wandelt er sich – und mit ihm wandeln sich seine Gefühle. Er wächst aus der Trauer in eine neue, »hellsichtigere« Form seines Menschseins hinein.

Versuchen wir im Folgenden, den vom Schmerz angestoßenen Erkenntnisprozess Schritt um Schritt nachzuvollziehen.

Trauer ist ein Spiegel des Reichtums

Im ersten zu durchschreitenden »Torbogen«, direkt neben dem Wissen um den Verlust, nistet die Erkenntnis, dass eben Kostbares im eigenen Leben vorhanden gewesen ist. Bereits diese unmittelbare Einsicht nach dem Einbruch des Tragischen birgt einen Keim des Trostes in sich. Man hat sich nicht in der Leere bewegt. Man ist nicht in der Isolation gesteckt. Man hat in Bezügen gelebt! Und die faszinierendsten davon waren Liebesbezüge ... Es ist gut, sich dessen zu erinnern und zu vergewissern.

Warum ist das gut? – Eine weitere wichtige Erkenntnis lüftet ihren Schleier: Wir Menschen haben die problematische Neigung, uns an Reichtum zu gewöhnen, auch an inneren Reichtum. Sobald Wertbezüge in unser Leben treten, z.B. eine Partnerschaft, Freundschaft, Mutter- oder Vaterschaft, gewöhnen wir uns an unsere Lieben und gehen mit ihnen um, als wären sie Besitztümer, auf die wir einen

Anspruch hätten. Allmählich merken wir kaum mehr, wie sehr jene Menschen, auf die unser Dasein bezogen ist, dieses intensivieren und uns beglücken. Erst der Abschied von ihnen holt ihre Werthaftigkeit in unser Bewusstsein zurück. Die Trauer setzt den Rotstift an und korrigiert sämtliche irrwitzigen Anspruchsideen. »Alles ist Leihgabe, alles ist Geschenk, das Leben als Ganzes ist ein Geschenk bis zum Tod«, schreibt sie über unsere durchgestrichenen Besitztumsphantasien. »Doch siehe, du zählst zu den Beschenkten. Du warst Jahre lang beschenkt. Ich bin der Preis, den du jetzt dafür zahlen musst. Je inniger deine Liebesbeziehungen waren, je froher du um sie warst, umso heftiger musst du jetzt weinen – über den großen Grund zur Freude, den du hattest!«

So spricht die Trauer.

Auf einem wissenschaftlichen Kongress in Dallas nahm ich einmal an einer Sightseeing-Tour für Ausländer teil. Die Busrundfahrt führte entlang den prachtvollsten Gärten und teuersten Villen Amerikas. Der Busbegleiter erläuterte jeweils die Dollarmillionen, die darin investiert worden waren. Als er uns mit enthusiastischer Begeisterung eine besonders prunkvolle Villa mit Dachrinnen aus purem Gold zeigte, erlaubte ich mir die lapidare Bemerkung: »Nun ja, es ist alles nur geliehen.« Der Busbegleiter fuhr

zusammen und blickte mich irritiert an: »Wollen Sie mich erschrecken?«

Ich hatte ihn wirklich nicht erschrecken wollen. Aber dass er so schockiert war, tat mir für ihn leid. Auch in seinem Leben wird noch der Rotstift angesetzt werden …

Reichtum beinhaltet nicht die Fülle dessen, was wir sowieso hinter uns zurücklassen müssen. Wahrer Reichtum ist erfülltes Leben – in Hingabe und in vielen wunderbaren Wertbezügen. In Wertbezügen, die, wenn sie enden, betrauert werden müssen. In der Trauer spiegelt sich unser Reichtum wider.

Arm ist derjenige, der nichts und niemals etwas zu betrauern hat. Er kann nichts verlieren, weil nichts da ist, wofür sein Herz schlägt. Er ist der Ärmste von uns allen.

Kann die Liebe sterben?

Wie die Trauer, so ist auch die Liebe kein reines Gefühl. Schon gar kein Abhängigkeits- oder blindes Hörigkeitsgefühl aus den Gefilden der kranken Seele. Die vermeintliche Schwäche des Selbstwertes und den daraus resultierenden Wunsch, sich an jemand Gefestigten anzulehnen, kennt die echte Liebe nicht. Der Gebrauch oder Missbrauch anderer Personen zu egoistischen Zwecken ist ihr fremd. Sie sucht nicht den schützenden oder stimulierenden Partner, sie will keine Vorzeigekinder zur eigenen Profilierung und sie lechzt nicht nach Lob und Zärtlichkeit zur Selbstbefriedigung. Die Liebe verlangt überhaupt nichts, sie ist souverän. Denn der »Stoff«, aus dem sie besteht, ist das schlichte, bedingungslose Ja zum geliebten Menschen – einer Sternschnuppe aus dem Feuerwerk der göttlichen Schöpfung gleich. Die Liebe ist, wie es in einer Operette heißt, eine »Himmelsmacht«.

Von daher kann sie alles, was nötig ist: den anderen sein lassen, ihn gehen lassen, ihn loslassen – notfalls feuchten Auges, aber ehrlichen Gemütes. Die Zeit läuft weiter, die Liebe bleibt. Die Gefühle verblassen, die Liebe bleibt. Der Tod löst Verpflichtungen auf, die Liebe bleibt. Wie könnte sich ein bedingungsloses Ja in ein Nein verkehren, sobald die Bedingungen wechseln? Wenn der andere sich umorientiert, erkrankt, wegzieht oder gestorben ist? Jener Anteil an einer gegenseitigen Beziehung, der Liebe war, »überlebt« auch noch das Ende der Beziehung.

In welcher Form aber »überlebt« er? Nun, das ist nicht schwer zu erraten. Im frohen Mitschwingen am Sein und Gewesen-Sein des anderen. Im Nichtvergessen seiner. Im Gebet für ihn. Und – in der stillen Trauer um ihn. »Ich bin der Preis für deine Werte. Ich bin der Spiegel deines Reichtums. In mir verewigt sich deine Liebe«, so spricht die Trauer.

Der Wiener Psychiater Viktor E. Frankl hat dies in seinem Buch »Ärztliche Seelsorge« ergreifend ausgedrückt: »Betrachten wir die Affekte der Trauer – vom utilitaristischen Standpunkt müssen sie sinnlos erscheinen. Denn etwas unwiederbringlich Verlorenes zu betrauern, muss unnütz und sinnwidrig erscheinen. Aber im Inneren des Menschen hat die Trauer ihren Sinn. Die Trauer um einen Menschen, den wir geliebt und verloren haben, lässt ihn irgendwie weiterleben. Der Gegenstand unserer Liebe bzw. unserer Trauer, der objektiv, in der empirischen Zeit, verloren ging, wird subjektiv, in der inneren Zeit, aufbewahrt: die Trauer vergegenwärtigt ihn.«

(Zitat gekürzt.)

Erinnerung, die frei macht

Mancher »Blick zurück« macht unfrei. Die Psychologie weiß ein Lied davon zu singen. Im Überschwang ihrer Jugendlichkeit hat sie mit ihrer bedenkenlosen Forcierung der Retrospektive genügend Schaden angerichtet. Nicht wenige Patienten, die eigentlich nur ein wenig Ermutigung gebraucht hätten, haben sich auf analytischen Couchen in das Memorieren negativer Kindheitsereignisse verbissen und sind nie mehr davon losgekommen. Zeitlebens haben sie sich als von einem vergangenen Horror bestimmt und beeinflusst empfunden.

Der vorwurfsvolle »Blick zurück« macht unfrei. Was man sich oder anderen vorwirft, lastet in Form nagenden Grolls auf der eigenen Brust und wird als »Mehrgewicht« der Historie nachgetragen. Er ist mit dem verzweifelten »Blick zurück« verwandt. Dessen Gedankenwendungen: »hätte ich doch« und »wäre doch« sind unfruchtbare Gesellen, die stets hinter dem abgefahrenen Zug der Zeit hinterhertorkeln. Auch der unzufriedene »Blick zurück« ist nicht konstruktiv. Die Frage: »Was habe ich vom Leben gehabt?« ist ohne klagend-anklagenden Unterton fast nicht zu stellen. Die Antwort: »wenig ... nichts« leitet nahtlos zum verbitterten »Blick zurück« über. Paradoxerweise kann auch eine gegenteilige Antwort zum Erstarren bringen. Der glorifizierende »Blick zurück«, der von einer verklärten Romantik träumt, die nie mehr wiederkehrt, nagelt im Gestern fest.

Die Trauer, die um das kostbare – obgleich begrenzte – Geschenk weiß, das sie betrauert, und in der die Liebe weiterlebt, die dem bzw. der Geliebten nachweint, vermag alternative Blickwinkel auszuspähen. Zum Beispiel den dankbaren »Blick zurück«. Unvergleichlich, wie er die Wunden kühlt, die Schmerzen lindert, den Frieden heimholt! Oder den künstlerischen »Blick zurück«. Jeder Künstler muss vor der Beendigung eines Werkes zu diesem auf Abstand gehen, um es aus der Distanz heraus betrachten, beurteilen und vervollkommnen zu können. Egal in welchem Metier er arbeitet, muss er wie der Maler von seiner Staffelei zurücktreten, um den Gesamteindruck des Geschaffenen in sich aufzunehmen. Nur dann erkennt er die winzigen Details, die es im Interesse des Ganzen noch zu verbessern gilt. Analog soll auch der Mensch gelegentlich

aus einer räumlichen und zeitlichen Distanz heraus auf seinen jeweiligen Lebensabschnitt zurückschauen, um jene sinnvollen Ergänzungen zu erkennen, die noch ihrer Verwirklichung harren. Insofern kann eine Trauerphase durchaus zur Anbringung künstlerischer »Schlussdetails« inspirieren: etwa bei einem Todesfall im Ordnen von Hinterlassenschaften, oder in persönlichen Handlungen und Haltungen – im Sinne des Toten.

Der norwegische Dichter Henrik Ibsen schrieb 1870 an Laura Kieler: »Der Mensch ist doch im geistigen Sinne ein weitsichtiges Geschöpf – Wir sehen am klarsten in einem großen Abstand ... Den Sommer schildert man am besten an einem Wintertag.« Sein Dichterwort ließe sich variieren: »Erfahrenes Glück würdigt man am besten in der Trauer.«

Gelingt dies, steht nichts mehr dem am meisten befreienden, nämlich segnenden »Blick zurück« im Wege. In ihm wird im Vertrauen auf »höhere Sinnzusammenhänge« gutgeheißen, was gewesen ist, das Schöne und weniger Schöne, mit Anfang und Ende. Der Herr hat's gegeben, der Herr hat's genommen, der Herr sei gepriesen ...

Auferstehung aus der Trauer

Der beschriebene Erkenntnisprozess verläuft Hand in Hand mit ausgesprochen gesundheitsförderlichen Prozessen. Wahrscheinlich breitet die Natur, die alles sehr weise eingerichtet hat, deswegen das dunkle Tuch der Trauer über ein Unglück, damit sich der vom Unglück Betroffene darunter erholt. Gesundheitsförderlich sind folgende Schritte:

1. der Rückzug in die Stille,
2. die Auseinandersetzung mit der Situation,
3. das Ringen um eine lebbare Position,
4. die Intensivierung der Spiritualität.

1. Der Rückzug in die Stille

Es ist häufig zu beobachten, dass sich trauernde Menschen von äußerem Zuspruch abschirmen. Wo es keinen Trost gibt, ist jedes Wort zu viel. Wer nicht Ähnliches erlebt hat, kann schon gar nicht mitreden. Die gut gemeinten Beschwichtigungsversuche der Freunde sind eher lästig. Man will höflich bleiben und dennoch nicht mit Floskeln abgespeist werden, was beides zusammen schwer signalisierbar ist. Mitmenschliche Nähe ist zwar angenehm, aber nur unter »harmlosen Vorzeichen«. Was immer den Schmerz zu tief berührt, legt seinen Nerv bloß.

So sagte mir eine Großmutter, deren 38-jährige Tochter mitsamt ihren zwei Vorschulkindern bei einem Verkehrsunfall ums Leben gekommen war, sie ertrage das Mitleid der Dorfbewohner nicht. Jeder halb-neugierige und halbbedauernde Blick, der sie streife, und jede gestammelte Nachfrage, wie es ihr gehe, wühle ihre wunde Seele auf. Da sei ihr eine alte, robuste Freundin lieber. Diese komme öfters angereist, bringe einen selbst gebackenen Kuchen mit, trinke mit ihr Kaffee und plaudere über Banalitäten. Sie helfe beim Spülen; und sähe sie im Bad frisch getrocknete Wäsche liegen, ergreife sie ganz selbstverständlich das Bügeleisen. Zum Abschied umarme sie sie ohne Kommen-

tar. Die Großmutter fügte hinzu, ihre Freundin habe ebenfalls Schweres durchgemacht, aber sie trage es nicht demonstrativ vor sich her, sondern beweise ihren Lebenswillen durch ihr Tun, und das sei geradezu ansteckend. Diese schlichte, praktizierte Freundschaft helfe ihr mehr als alles Übrige.

Die Einsamkeit, in die sich trauernde Personen (fast wie verwundete Tiere) zurückzuziehen pflegen, ist ein Stille-Reservoir zum Auftanken. Allerdings ist kein Reservoir für einen ständigen Konsum gedacht. Ein Wasserreservoir etwa dient zur Überbrückung von Dürrezeiten. Ist genügend Wasser vorhanden, braucht daraus nicht geschöpft zu werden. Analog bieten Stille und Einsamkeit grandiose Überbrückungshilfen in existentiellen Nöten, ohne dass sie sich auf Dauer im Hause einquartieren sollen.

Der Mensch, auf sich selbst zurückgeworfen, zentriert sich um seine Mitte. Nach dem ersten Aufschrei, nach dem Weinen und Schluchzen wird es in ihm allmählich ruhiger. Noch kann er kaum fassen, was geschehen ist, aber die Stille hat Geduld. Sie drängt nicht. Der Mensch kann sich behutsam an das Unfassbare heranwagen, kann seine Fühler ausstrecken oder zurückziehen, wie er es gerade schafft. »Es tut so weh«, klagt er in seiner Trauer. »Gib mir deinen Schmerz«, antwortet die Stille, »ich sauge ihn auf«.

2. Die Auseinandersetzung mit der Situation

Nach der Beruhigung setzt die geistige Auseinandersetzung mit der veränderten Situation ein. Sie geht leichter vonstatten, wenn man an Bekanntes andocken kann. Gewiss mussten schon früher Verluste verkraftet werden. Wie war das damals? Die Welt ist nicht eingestürzt. Das Leben hat neue, sinnvolle Aufgaben für einen bereitgehalten. Solange man nicht abberufen wird, hat man etwas Wichtiges auf Erden zu erledigen, und das ist jetzt nicht anders. Die Trauer berechtigt nicht zum Kneifen vor der Verantwortung.

Freilich, die veränderte Situation verlangt fürchterliche Umstellungen. Aber: Kreativität erhält die Seele elastisch. Was haben Menschen, quer durch sämtliche Epochen, Heroisches aus ihrem Kummer heraus gestaltet, wie viel Vitalität ist gerade ihren Schicksalsschlägen entsprungen! Und zu wie viel Trägheit und Bequemlichkeit wurden sie andererseits durch die Sonnenseiten des Lebens verführt! Also raus mit dem Kopf aus dem Sand und den gegenwärtigen Anforderungen ins Gesicht gesehen! Was ist es, das uns abverlangt ist – in, wegen, trotz der Trauer ...?

Die vorhin erwähnte Großmutter konnte exakt den Tag benennen, an dem sie aus ihrer seelischen »Versteinerung« aufgewacht war. In der Einsamkeit ihrer vier Wände war ihr ihre nächste Aufgabe klar geworden war. Sie sollte sich mehr um den Schwiegersohn kümmern. Er drohte nach dem plötzlichen Tod seiner Frau und seiner Kinder abzurutschen. Tagsüber musste er sich auf seinen Beruf konzentrieren. Das war schwer genug. Abends streunte er durch Lokale. Die Großmutter raffte sich auf und suchte den Kontakt mit ihm. Nach Wochen vergeblicher Bemühungen gelang es ihr, ihn von einem vernünftigeren Lebenswandel zu überzeugen. Als sie dann wieder einmal im Familienalbum blätterte, nickte sie dem letzten Foto ihrer Tochter begütigend zu: »Dein Mann ist in Ordnung.« Da war ihr, als lächle das Bild zurück: »Danke, Mama!«

3. Das Ringen um eine lebbare Position

Hat der trauernde Mensch in der Stille zu sich und zu den auf ihn wartenden Aufgaben zurückgefunden, gilt es, den schwierigsten Teil des Erkenntnisprozesses zu leisten. Er muss Antworten finden auf die vehementen Fragen, die ihn umtreiben. Dazu aber müssen erst die *falsch gestellten Fragen* aussortiert werden, die ungefähr lauten: »Warum ist mir dies geschehen?«, »Wofür wurde ich gestraft?«, »Welchen Sinn hat mein Leid?«, »Wieso hat Gott nicht eingegriffen?« – Es sind falsch gestellte Fragen, weil sie

voraussetzen, dass die Wege der Vorsehung mit unserem Mini-Verstand ergründbar wären. Genauso gut könnte ein Sperling fragen, welchem Zweck die Hochspannungsleitung dient, auf der er sitzt. Nicht, dass die Leitung unnütz wäre – es hat bloß keinen Sinn, ihren Sinn einem Sperling erklären zu wollen.

Manche Menschen stellen pausenlos die falschen Fragen. Fragen der Art: »Wer ist schuld an meinem Dilemma?«, »Warum hilft mir niemand?« sind wahre Fangstricke. Nicht selten gehört es zur psychotherapeutischen Methodik, derlei Fragen umzudirigieren. »Wozu kann es gut sein, dass ich dies oder jenes erlebt habe?«, »Was soll ich daraus lernen?«, »Wie kann ich optimal damit umgehen?«, »Lässt sich die Tragödie sogar noch in einen inneren Triumph verwandeln?« ... *Das* sind spannende Fragen. Sie locken großartige Antworten aus den Fragenden hervor. Antworten, mit denen gelebt und weitergelebt werden kann.

Auch die genannte Großmutter fand ihre Antworten, ihre Position angesichts des massiven Unglücks, das ihr die Liebsten geraubt hatte. Sie sagte zu mir: »Ich habe 38 Jahre lang eine gesunde und tüchtige Tochter gehabt. Nie habe ich einen Gedanken daran verschwendet, wieso sie gesund und tüchtig war. Nie habe ich überlegt, warum sie nicht kränklich zur Welt gekommen ist; warum sie nicht in der Schule versagt oder sich später fehlentwickelt hat. Es war einfach prima mit ihr. So darf ich auch jetzt nicht hadern. Vielleicht hat ihr frühes Hinscheiden einen Sinn, um den ich nicht wissen kann.« Nach einigem Zögern fuhr sie fort: »Überhaupt nicht verstehen kann ich, dass meine beiden Enkelkinder so früh sterben mussten. Wenn ich daran denke, wie sehnlichst sie erwartet worden sind ... Nun, zumindest sind sie von allem Bösen in dieser Welt verschont geblieben. Sie sind ohne Qualen, ohne Kummer, ohne irgendeinen Makel aus dem Schoß der Familie in den Schoß des Schöpfers hinübergeglitten ...« Der Großmutter rannen die Tränen über die Wangen, doch sie wischte sie energisch weg. »Ich lerne es noch, ihnen den himmlischen Frieden zu gönnen«, murmelte sie, »ich lerne es noch«.

4. Die Intensivierung der Spiritualität

Lebbare Antworten können letztlich nur aus dem Glauben gegeben werden, wobei das Wort »Glaube« hier umfassend und überkonfessionell gemeint ist. Jeder Mensch glaubt ursprünglich an *etwas über sich selbst*. Es ist eine Verleugnung seiner ursprünglichen Geartetheit, wenn er in intellektuellem Hochmut sich selbst zum obersten Prinzip erhebt.

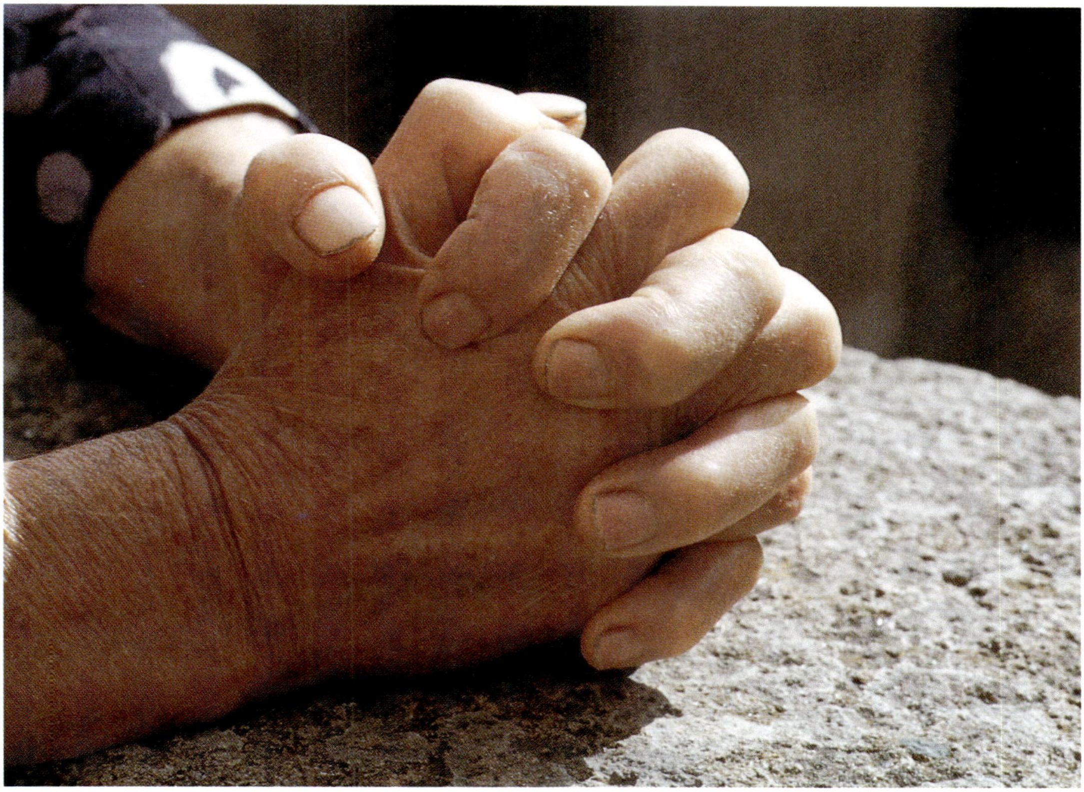

Grenzerfahrungen und Trauerphasen schmelzen jedoch jeglichen Hochmut bald hinweg. Eine Rückkehr zum Glauben ist tröstlich und zugleich gesundheitsförderlich.

Dazu eine moderne Studie der Biochemikerin Caryle Hirshberg (Ben Lomond, USA), die sich eingehend mit unerwartet positiven Verläufen bei Schwerstkrebskranken beschäftigt hat. Bei rund 50 unterschiedlichen Patienten, die laut medizinischen Befunden ihrer Krankheit längst hätten zum Opfer gefallen sein müssen, eruierte sie drei übereinstimmende Verhaltensfaktoren. Die Patienten akzeptierten ihre Diagnose, aber nicht ihre Prognose, das heißt, sie waren ihrer Diagnose zum Trotz optimistisch gestimmt. Sie lebten in beständigen sozialen Bindungen; über 70 Prozent waren seit mehr als 20 Jahren verheiratet. Und sie – beteten. (Aus: »Deutsches Ärzteblatt«, Jg. 94, Heft 25, Juni 1997)

Wenn eine Intensivierung der eigenen Spiritualität mithelfen kann, der Krebskrankheit die Stirn zu bieten, dann kann sie auch die Auferstehung aus der Trauer mitbewirken.

Lösung aus der Angst

Es gibt Erschwernisse, die eine solche gesundheitsförderliche »Trauerarbeit« stören. In den meisten Fällen haben sie nichts mit dem Grund der Trauer zu tun, sondern mit der Charakterveranlagung des bzw. der Trauernden.

Ein klassisches Beispiel dafür ist die ängstliche (»nervöse«) Charakterveranlagung. Sie zeigt sich in einer »überproportionalen organismischen Resonanz auf Stimulationen, verbunden mit unrealistischen Spontaninterpretationen«, wie es die Fachsprache ausdrückt. Das Problem liegt, vereinfacht dargestellt, darin, dass Menschen auf Kleinigkeiten höchst sensibel reagieren (auch körperlich, z.B. mit Zittern, Schwitzen, Durchfall etc.) und schnell Bedrohliches erwarten. Jemand hört, seine Kinder wollen im Freizeitpark ein Lagerfeuer anzünden, und denkt sofort an eine Brandkatastrophe. Statt nachzufragen, wie gesichert die Feuerstelle ist, verbietet er das Vorhaben der Kinder rigoros. Jemand muss beim Autofahren scharf bremsen, weil ein Lastwagenanhänger vor ihm ausschert, und steht daraufhin stundenlang unter Schock. Statt froh zu sein, dass es ohne Blechschaden abgegangen ist, grübelt er nur über den entsetzlichen Unfall nach, zu dem es beinahe gekommen wäre. Jemand leidet an einem Spasmus (Verkrampfung) mit der Konsequenz, dass seine Artikulation der Sprache undeutlich ist. Ein Beamter, bei dem er um eine Auskunft bittet, hält ihn für betrunken. Obwohl sich der Beamte nach Aufklärung des Irrtums bei ihm entschuldigt, kränkt sich der Spastiker tagelang über die bösen Mitmenschen, die ihn stets demütigen wollen.

Wir sehen, die ängstliche Charakterveranlagung erzeugt eine fast automatische allererste negative Reaktion auf mehr oder minder harmlose Ereignisse, indem diese, kaum dass sie eingetreten sind, als seelisch überaus belastend und das eigene Ich gefährdend interpretiert werden. Gefühls- und Denkvorgänge sind gleichermaßen daran beteiligt: Der Ängstliche dramatisiert und sieht Schlimmes voraus, was seine Ängste noch steigert.

Ein Gegenbeispiel bildet eine Frau, die einst auf einem Waldweg überfallen worden ist. Plötzlich waren rasche Schritte hinter ihr, und ehe sie sich umdrehen konnte, legte ein Mann von rückwärts seine kräftigen Arme um ihre

Taille. Ihre allererste Spontanreaktion war zu überlegen, wer aus ihrem Freundeskreis sich einen Spaß mit ihr erlaubte. »Soll ich raten, wer du bist?« rief sie nach hinten gewandt. Der Mann antwortete nicht und versuchte, sie gewaltsam ins Gebüsch zu zerren. Da erkannte sie die Sachlage und schlug mit ihren Beinen so kräftig aus, dass der Halunke sein Vorhaben aufgab und floh.

Es ist verständlich, dass Personen, deren allererste – nicht willentlich steuerbare – Spontanreaktion angstbesetzt ist, und zwar egal worauf, im Leben gehandikapt sind. Allerdings können sie üben, ihr verdüstertes Weltbild durch Wahrheitsüberprüfung zurechtzurücken. Der ängstliche Vater kann sich geistig den Standpunkt erobern: »Hunderte Male schon haben Kinder im Freizeitpark ein Lagerfeuer angezündet, sind daran gesessen, haben gesungen und einen vergnüglichen Abend erlebt. Die Wahrscheinlichkeit ist hoch, dass auch diesmal nichts passieren wird.« Der geschockte Autofahrer kann sich ebenfalls einen angemesseneren Standpunkt einsuggerieren: »Jetzt fahre ich schon acht Jahre lang unfallfrei und habe gerade bewiesen, dass ich selbst brenzlige Situationen hervorragend meistern kann. Außerdem wacht mein Schutzengel über mir ...« Analog kann der sensible Spastiker seinen Unmut reduzieren: »Meine verwaschene Sprache ist wirklich mit dem

Sprechen unter Alkoholeinfluss verwechselbar. Schließlich habe ich kein Schild mit meiner Krankheitsdiagnose um den Hals hängen, und meine Mitmenschen sind keine Hellseher! Deshalb will ich dem Beamten seine ungeschickten Worte nachsehen.«

Die Wahrheit ist um Äonen facettenreicher und größer, als sie dem Ängstlichen erscheinen will. Sie enthält Tausende Glücksfälle, Beinahe-Karambolagen, unverdiente Freundlichkeiten und Gnadenakte des Lebens. Zugegeben, dazwischen auch finstere Stunden. Allein, wer einzig die Finsternis im Visier hat, täuscht sich grundlegend.

Erleidet nun ein Mensch mit einer ängstlichen Charakterveranlagung, der in seinen Alpträumen und Vorstellungen sowieso schon immer durch die Finsternis vorausgetappt ist, tatsächlich einen schweren Verlust, kann zweierlei geschehen. Entweder er wähnt sich in seinem negativen Weltbild bestätigt und zementiert sich darin ein. Niemand holt ihn mehr ans Licht. Oder er begreift endlich, dass ihn seine überflüssigen Befürchtungen vor keinem Schicksalsschlag geschützt, dafür aber an der Zufriedenheit mit dem normalen Alltag und dessen kleinen Anlässen zur Freude gehindert haben, und stellt sich innerlich um.

»Gekrönt wird das Erleben des heimfindenden Menschen von dem köstlichen Gefühl, nach all dem Erlittenen nichts mehr auf der Welt fürchten zu müssen – außer seinen

Gott«, schrieb Viktor E. Frankl nach seiner Befreiung aus dem Konzentrationslager (Kösel, München, 1985). Wer ähnlich sprechen kann, hat in seiner Trauer unendlich viel dazugelernt.

Ein Gleichnis aus der Zoologie möge diese Überlegungen stützen. Bekanntlich spinnt sich die Raupe in einen Kokon ein, um nach ihrer Metamorphose als Schmetterling zu entschlüpfen. Der Vorgang des Entschlüpfens ist außerordentlich schwierig. Der junge Schmetterling muss enorme Kräfte aufbieten, um die harte Kokonschale mit seinen zarten Flügeln zu sprengen. Wissenschaftler waren neugierig, was geschehen würde, sollte der Schmetterling dabei Hilfe erfahren. Als die Zeit reif war, öffneten sie von außen künstlich eine Reihe von Kokons. Die jungen Schmetterlinge krabbelten unversehrt heraus, aber sie flogen nicht. Kein Einziger von ihnen erhob sich in die Lüfte. Weil sie solcherart an keinen Blumennektar gelangen konnten, verhungerten sie.

Die Kraftanstrengung, den Kokon zum Bersten zu bringen, ist notwendig, damit die Tiere der Stärke ihrer Flügel vertrauen. Ohne die Erfahrung des selbständig Geleisteten wagen sie es nicht, den »sicheren« Boden zu verlassen.

Wie sehr erinnert dies an manche Menschen, die auch nicht wagen, das Ihrige zu leben. Eine Periode der Trauer

könnte die Metamorphose sein, nach der es ihnen gelingt, der engen Schale der Angst mit geistigen Flügeln zu entschlüpfen.

Wiedergutmachung der Schuld

Bisher haben wir die Trauer bedacht, die um ein verlorenes Kostbares weiß. Es ist die Trauer mit den zwei Gesichtern: dem strahlenden über das erhaltene Geschenk, und dem betrübten über dessen Zeitlichkeit und Endlichkeit. Demgegenüber gibt es eine Trauer mit nur einem Gesicht. Sie beweint keinen verwirklichten und wieder verabschiedeten Wert, sondern das Versäumnis einer Wertverwirklichung.

Wer von uns kennt nicht die Trauer über die eigenen Fehlentscheidungen, die man getroffen hat und nie mehr revidieren kann? In wessen Herzen nagt nicht ein tiefes Bedauern über gewisse leichtfertige oder dumme Handlungen, die getätigt und später bereut worden sind? Die wenigsten von uns beabsichtigten jemals etwas Böses – obwohl es ein beliebtes Feindspiel zwischen Nahestehenden ist, einander böse Absichten zu unterstellen. Doch nein, die meisten von uns wollten nicht, was sie an Unsinn angerichtet haben, und insbesondere nicht, was sie durch Unterlassungen an Sinnchancen vertan haben. Sie waren einfach scheu, träge, müde, zögerlich, unaufmerksam ... im falschen Moment; und dann war der entscheidende Moment unrettbar vorüber.

Das alles ist nicht schlimm, wenn man es wieder gut machen kann. Eine Aufklärung des Irrtums, eine vernünftige Aussprache oder eine »Beichte« mit Anstand bereinigen die Dinge. Auch ein Zeichen des guten Willens glättet scharfe Kontroversen. Allein, was lindert den Schmerz in der Seele, wenn eine Wiedergutmachung ausgeschlossen ist, etwa weil die Person, an der man schuldig geworden ist, nicht mehr lebt? – Die Trauer hat dann zwar beide Gesichter, aber eines davon ist ärmer als das andere, denn es kann nicht mehr mit Fug und Recht behaupten, Spiegel des Reichtums zu sein. Misslungenes und Verpasstes spiegeln sich ebenfalls darin. Trotzdem lebt auch in dieser Trauer die Liebe weiter, was ich an einem Beispiel demonstrieren möchte.

Ein Vater hatte seine kleine Tochter zu beklagen. Sie war beim Umbau seines Hauses unbemerkt in einen Bottich mit Kalkwasser gefallen und ertrunken. Der Vater zerfleischte sich mit den heftigsten Vorwürfen, weil er den Bottich nicht mit Brettern oder einer Schutzplane abgedeckt hatte.

Ich erzählte ihm eine Wiener Kindheitserinnerung von mir. An einem sommerlichen Nachmittag hatte mir meine Mutter ihre Uhr ums Handgelenk gebunden und erlaubt, in den Schönbrunner Park zum Ballspielen zu gehen. Um 6 Uhr abends sollte ich wieder zu Hause sein. Um 4 Uhr blieb die Uhr stehen. Nichts ahnend tollte ich herum, und da die Zeiger der Uhr nicht auf 6 Uhr zurückten, ging ich auch nicht nach Hause. Schließlich dämmerte es, was mir sonderbar vorkam, und ich kehrte heim. Genauso sonderbar war es, dass mein Vater die Türe öffnete, der sonst nie vor 8 Uhr abends zu Hause war. Kaum, dass er mich sah, hagelte es Ohrfeigen. Ich verstand nicht, was los war. Meine Mutter murmelte, dass es für das Abendessen zu spät war, und schickte mich ins Bett. Selbst bei diesem deutlichen Hinweis fand ich keine Erklärung für die merkwürdigen Vorgänge. Ich wusch mich, legte Mutters Uhr ab und kroch unter die Decke.

Plötzlich flammte im Schlafzimmer das Licht auf und meine Eltern kamen an mein Bett. Sie knieten nieder und entschuldigten sich. (Offenbar hatten sie die kaputte Uhr entdeckt und in einen logischen Zusammenhang mit meiner Unpünktlichkeit gebracht.) Meine Mutter schleppte eine aufgewärmte Suppe herbei. Mein Vater gestand, die Beherrschung verloren zu haben. Aus lauter Sorge um mich, wie er betonte. Er hätte sich fürchterlich aufgeregt, weil ich so lange verschwunden gewesen war, hätte schon Polizeihunde anfordern wollen, etc. Nie werde ich diese Nachtstunde vergessen: Ich genoss die Situation königlich! Sie übertraf meine kühnsten Träume! Im Bett noch Suppe löffeln dürfen, und Vater auf den Knien ... Es war wie Geburtstag und Weihnachten zugleich!

»Ihre Eltern sind zu beneiden«, rief der trauernde Vater aus, als ich geendet hatte. »Sie konnten ihre Entgleisung wieder gutmachen. Aber was soll ich tun?« »Genau dasselbe«, antwortete ich ihm, »mit einem unerheblichen Unterschied. Sie tun es in Ihrer Phantasie. Besuchen Sie Ihre Tochter an einem Ort, wo Sie sich Ihr inniglich nahe fühlen. Verweilen Sie dort, schließen Sie Ihre Augen und lassen Sie ihr Bild sich formen. Dann bitten Sie Ihre Tochter um Entschuldigung für den nicht gesicherten Bottich, und lassen Sie sich überraschen, was Ihre Tochter erwidert.« Der Vater befolgte meinen Rat und erlebte prompt eine Überraschung. Bei seiner Phantasie-Übung strich ihm das Mädchen lächelnd über die Stirne. »Aber Vater«, wisperte es, »gräme dich nicht. Du hast mich geliebt. Das ist das Einzige, was zählt.« Der Mann schwor, dass er sich diese Botschaft nicht bloß herbeigewünscht hatte. Auf mysteriöse Weise spürte er die Finger seiner Tochter immer noch auf der Stirne. Von Tag an hörte er mit seinen quälenden Selbstvorwürfen auf.

Eine ehrliche Entschuldigung bei Lebenden oder Toten ist ein Schlüssel zum Heil.

Menschen, die nicht im Guten von einander geschieden sind, sollten dies unbedingt nachholen, zumindest in ihren Imaginationen. Das Land des Geistes ist weit. Es macht nicht Halt an der Grenze zwischen hüben und drüben. Es überragt Räume und Zeiten. Vermögen wir in unserer physischen Welt Informationen drahtlos zu senden und zu empfangen, so vermögen wir es erst recht in der metaphysischen Welt. Wo sich die Trauer mit Schuldgefühlen paart, ist deshalb die Bitte um Verzeihung *das* Vehikel der Wiedergutmachung. Ob sie erhört wird? Wir sollten es getrost ausprobieren. Irrig sind die Urteile der Lebenden über uns. Unsere Mitmenschen haben nicht in unserer Haut und in unseren Zwangslagen gesteckt. Diejenigen jedoch, die sich bereits jenseits der klein karierten Grenze irdischer Urteile befinden, messen mit göttlichem Maßstab.

Befriedung der Wut

Manchmal verweigern sich Personen, über die ein Unglück hereingebrochen ist, ihrer Trauer. Sie lassen sich nicht durch die anskizzierten Tore der Erkenntnis geleiten, sondern bündeln ihre Kräfte im Nicht-wahr-haben-Wollen des Geschehenen oder in einer wutentbrannten Suche nach einem Sündenbock. Letzteres erleichtert sie vordergründig. Indem sie sich über den/die Verursacher des Unglücks erzürnen, meinen sie, ihrer Verbundenheit mit dem verlorenen Wert Ausdruck zu verleihen. Aber wer kann schon die komplexe Vernetzung von Unglücksursachen sachlich korrekt einschätzen, noch dazu, wenn er unter extrem starkem emotionalem Druck steht? Niemand kann das. Es kommt zu (unbewussten) *Übertragungen* und *Projektionen* – Phänomenen, die in der Psychologie hinlänglich erforscht sind, was sie allerdings nicht legitimiert. Einer ethischen Überprüfung halten beide nicht stand.

Was ist eine *Übertragung*? Betrachten wir ein Beispiel. Ein Mann ist traurig, weil er vom Außendienst in den Innendienst versetzt worden ist, den er äußerst ungern verrichtet. Grund der Versetzung ist sein fortgeschrittenes Alter, was er nicht hören will. Er attackiert den Dienststellenleiter, der gar keine andere Wahl gehabt hat, als ihn zu versetzen. Damit überträgt der Mann seinen Ärger auf einen Menschen, der für den Anlass seines Ärgers nicht verantwortlich ist. Krankenhausärzte kennen derlei Vorfälle zur Genüge. Wenn Patienten im Krankenhaus sterben, werden die Ärzte nicht selten von Angehörigen der Verstorbenen beschimpft, »geschlampt« zu haben. Deswegen die ärztlichen Absicherungen, die heutzutage bedauerlicherweise nötig sind.

Natürlich kann ein Unfall auf die Schlamperei, Fahrlässigkeit, Ungerechtigkeit, Achtlosigkeit und sogar Gehässigkeit eines anderen Menschen zurückzuführen sein. Doch kann niemand für sich selbst garantieren, dass er an der Stelle jenes anderen unbedingt besser gehandelt hätte. Bedenken wir, wie viele Fehler uns schon unterlaufen sind – mit glimpflichen Folgen, Gott sei Dank – und was alles hätte schief gehen können! Sind wir wirklich in der Lage, den Stab über jemanden zu brechen, der in seiner Schwäche – mit katastrophalen Folgen – versagt hat? Sind wir nicht eher dazu aufgerufen, um ein Barmherzig-Sein zu ringen, wir, die wie jener, bloß in anderen Kontexten, auf Barmherzigkeit angewiesen sind?

Was ist nun eine *Projektion*? Ähnlich der Übertragung lenkt sie den Zorn in die falsche Richtung. Die psychologische Definition lautet: Leute, die wir nicht ausstehen können, halten uns einen Spiegel von uns selber vor, nämlich von einer Eigenschaft, die wir an uns selber nicht mögen, und deren Existenz wir verdrängt haben. Das ist geradezu der Gipfel unethischer Frustrationsbearbeitung! Man ist traurig über ein eigenes Problem, will es sich nicht offen eingestehen, und bekämpft es im Gegenüber. Ein Beispiel dafür wäre eine Frau, die ihren Ehemann jahrelang gedemütigt und geknechtet hat. Inzwischen ist er pflegebedürftig und in einem Heim untergebracht. Dort tyrannisiert sie bei ihren Besuchen das Pflegepersonal mit der Anklage, ihr Ehemann würde nicht sorgfältig genug gepflegt. Im Grunde betrauert sie ihr eigenes Fehlverhalten und projiziert die innere Wut darüber auf das unschuldige Personal.

Seien wir vorsichtig, falls uns eine Tragödie zur Ausschau nach Sündenböcken verleiten will. Unser empfangener Schmerz verringert sich nicht im Rundumschlag und Austeilen von neuem Schmerz. Es wird uns nicht wirklich wohler im Wissen, dass andere auch leiden beziehungsweise büßen müssen. Und Rache ist wesentlich weniger süß, als man glaubt. Sie hinterlässt unweigerlich den bitteren Nachgeschmack, auf die Stufe des »Täters« hinabgesunken zu sein.

Hader mit dem Schicksal und Wut auf mögliche Leidverursacher können – wie Viktor E. Frankl uns gezeigt hat – einzig und allein dadurch verringert werden, dass wir uns vor dem Letztgeheimnis beugen, das über jeder Tragödie schwebt. Denn was die Ursachenrekonstruktion erhellen kann, bleibt nie ohne einen undurchschaubaren Rest. Warum ist Wasser in einen Bergbaustollen eingedrungen? Weil es wochenlang stark geregnet hat, weil die technische Stollenstruktur veraltet war, weil mehrere Sprengungen hintereinander angeordnet worden sind …? Ein letztes verstehbares »Weil« für den Tod eines einzelnen Bergmannes gibt es nicht. Immer hätte es auch anders kommen können. Er hätte am Tag des Wassereinbruchs krank oder auf Urlaub sein können. Er hätte sich zur Stunde des Wassereinbruchs zufällig im sicheren Nebenstollen aufhalten können. Die »letztwillige Verfügung« über sein Geschick bleibt ein Geheimnis. Selig, wer sich davor beugen kann. Er findet seinen Frieden.

Eine Studentin saß schluchzend bei mir. Vor kurzem hatte sie erfahren, dass sie das »Ergebnis« einer Vergewaltigung war. Ihre Mutter, mit der sie aufgewachsen war, hatte ihren Vater nie erwähnt; sein Name stand nicht in ihrer Geburts-

urkunde. In jüngster Zeit hatte die Studentin jedoch mit der Idee gespielt, ihren leiblichen Vater zu suchen, und daraufhin war ihre Mutter mit der Sprache herausgerückt.

Die junge Frau war erschüttert und traurig. Ihr Selbstwertgefühl sank ab, Zweifel an ihrem Erbgut kamen hoch. »Wer bin ich?« fragte sie. »Pulsiert in mir eine kriminelle Ader?«

»Geistig sind Sie eine ganz neue Person, einzigartig und einmalig auf Erden«, versicherte ich ihr und zitierte Viktor E. Frankls Bonmot: »Die Eltern geben ihre Chromosomen an ihre Kinder weiter, aber sie hauchen ihnen nicht den Geist ein«. Das Argument leuchtete ihr ein. Nach einem längeren Gespräch verfassten wir gemeinsam einen Brief an ihren unbekannten Vater unbekannten Aufenthalts. »Mein Vater«, schrieb die Studentin mit vor Aufregung fahriger Schrift, »wo du auch sein magst –, meine Seele möge die deine erreichen. Leider weiß ich von dir, außer dass du ein abscheuliches Verbrechen begangen hast, nichts. Deswegen will ich die Möglichkeit gelten lassen, dass du zudem liebenswerte Seiten an dir hast, oder dass du dich positiv weiterentwickelt hast und inzwischen nicht mehr gewalttätig bist. Ebenso besteht die Möglichkeit, dass du im Gefängnis sitzt. Oder im Grab liegst.

Ich möchte dir Folgendes übermitteln: Ich, deine Tochter, bin nicht deine Richterin. Ich hoffe für dich, dass du deine Tat bereust. Solltest du dies tun, hilft dir vielleicht zu erfahren, dass ich gerne und glücklich lebe. Wie in der Natur aus dem Abfall Dünger für prächtige Pflanzen wird, aus dem Kadaver Nahrung für Insekten usw., so ist aus deinem Fehltritt mit Mutters Hilfe und Opferbereitschaft auf wundersame Weise etwas Gutes entsprossen. Das rechtfertigt dein Verbrechen nicht, aber es soll dir ein Trost sein bei der Bewältigung deiner Schuld.«

Indem die Studentin gleichsam ihren Vater tröstete, gewann sie für sich selbst den optimalen Trost in ihrer Krise.

Annahme der Ohnmacht

Im Vollzug gelingenden Lebens gehören zwei »Hälften« zusammen. Seien sie in der Symbolik zweier Halbkreise eingefangen, einem linken und einem rechten. Die beiden Halbkreise ergänzen einander ideal zu einem vollständigen Kreis; sie sind sogar auf einander angewiesen, wenn sich die Gestalt schließen soll.

Der linke Halbkreis sei eine Person mitsamt ihren Fähigkeiten, Talenten und Erfahrungen. Er repräsentiere die Fülle dessen, was diese Person der Welt zu geben hat: alles, was sie sinn- und liebevoll einbringen kann zum Wohl ihrer Mit- und Umwelt. Zu ihren fruchtbar einzubringenden Erfahrungen können auch traumatische gerechnet werden.

Fast jeder, der einen schweren Kummer durchlitten hat, versteht unmittelbar, was andere Menschen bedrückt. Versteht sie um vieles leichter, als »Sonntagskinder« dies vermögen. Sein seelisches Mitschwingen verdichtet sich zu einer Art »Erfahrungskompetenz«, die er sich – in der Weißglut eigenen Schmerzes – erworben hat, und die ihn (neben irgendwelchem Fachwissen) autorisiert, Menschen mit ähnlichen Verwundungen angemessen zu begegnen.

Der rechte Halbkreis sei im Gegensatz dazu ein Stückchen Welt, ein Ausschnitt aus dem Umfeld der Person. Und zwar ein vernachlässigtes Stückchen, ein unvollkommener Ausschnitt, eine reparaturwürdige Stelle im Dasein. Da nichts perfekt ist, kann es alles sein: Mensch, Tier, Pflanze, Bauwerk, Straße ... es ist einfach ein »Bedarf« draußen im Außerhalb der Person. Unsere Welt hat jede Menge an »Bedarf«: verwahrloste Kinder, bettelnde Obdachlose, vereinsamte Alte, zerkrachte Familien, hilflose Fremde, ausgestoßene Haustiere, verschmutzte Teiche, unfaire Verträge, unübersetzte Bücher, schlechte Filme – die Aufzählung ist endlos fortsetzbar. Das Übereinstimmende an jedem »Bedarf« ist die ihm innewohnende Aufforderung, ihn zu »decken«.

Überlegen wir: Wer kann einen bestimmten Bedarf decken? Doch nur jemand mit speziellen Fähigkeiten. Kindern kann helfen, wer pädagogisch geschult ist. Bücher kann übersetzen, wer Sprachen beherrscht, usw. Das heißt, ein bestimmter rechter Halbkreis passt keineswegs zu jedem beliebigen linken Halbkreis, sondern ausschließlich zu einem, der ihn ergänzt, indem er ihn »deckt«. Oder umgekehrt formuliert: Wir dürfen davon ausgehen, dass grundsätzlich zu jeder Person und ihren Kompetenzen (linker Halbkreis) ein bedürftiges Stückchen Welt (rechter Halbkreis) existiert, das sie auffordert und einlädt, sich ihr aufbauend zu widmen – *weil sie es kann.*

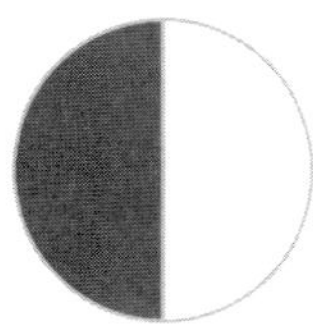

Wird die Aufforderung vernommen und wird ihr Folge geleistet, sind beide Seiten zufrieden; die Halbkreise vereinen sich zum rundum gelungenen Kreis. Die kleine reparaturwürdige Stelle in der Welt wird in Ordnung gebracht. Die Person, die dazu beiträgt, spürt ihre Wichtigkeit und ihren Sinn. Das tut beiden gut.

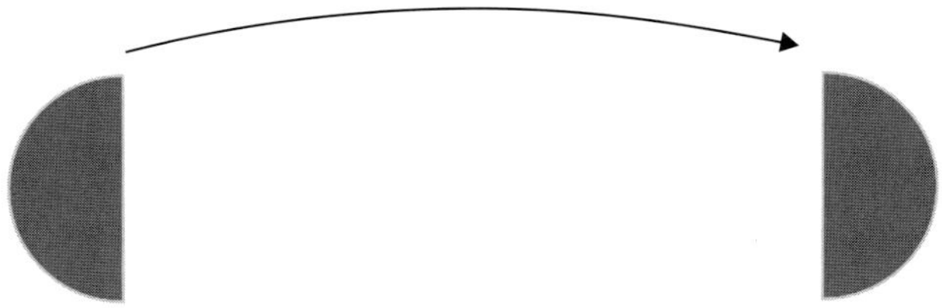

Nun betrifft manche Trauer den Sachverhalt, dass eine Person unfreiwillig vom linken in den rechten Halbkreis hinüberkatapultiert worden ist. Sie ist nicht mehr in der Lage, mit ihren Ressourcen nützlich in die Welt einzuwirken, sondern wurde selber zum hilfsbedürftigen Teilchen der Welt, bezüglich dem sich jemand anderer nützlich machen muss. Schon als Baby und Kleinkind ist sie, wie jedermann sonst, im rechten Halbkreis »lokalisiert« gewesen, damals unwissend ihrer Ohnmacht. Jetzt, bei extremen körperlichen oder seelischen Defiziten, bei Alterssenilität und Demenz, ahnt die Person meist mehr von ihrer Ohnmacht, als ihr lieb ist. Viele Menschen im »rechten Halbkreis« erleben sich schier als eine Last für ihre Mitmenschen und bar jeglichen Lebenssinns. Ihre Angehörigen sind genauso traurig, weil sie das Unfähigkeitsdilemma des Gehandikapten hautnah mitbekommen, ohne ihm Wirkungskompetenzen zurückverleihen zu können.

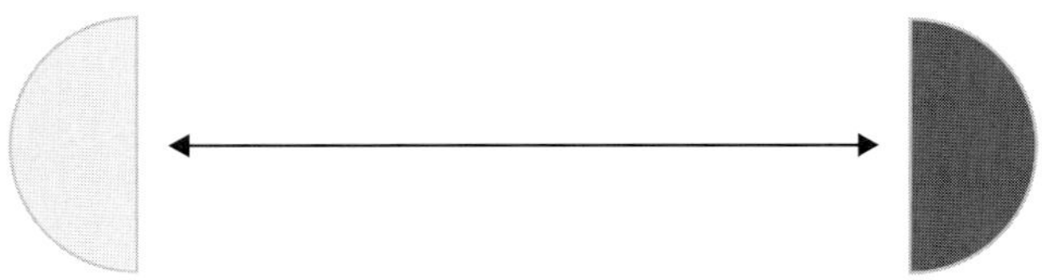

Aber lässt sich die Situation einer Person, die hilfsbedürftig geworden ist, nicht optimistischer interpretieren? Sie ist nicht herausgefallen aus dem zweihälftigen Vollzug gelingenden Lebens. Sie ist bloß zur *Aufforderung* geworden, statt selber aufgefordert zu sein. Sie ist zum *lebendigen Offert* für ihre Nächsten geworden, sich um sie zu kümmern, und lockt dadurch das Beste und Größte aus ihren Nächsten hervor: eben Nächstenliebe. Überspitzt könnte man sagen, Personen mit geschrumpften Kapazitäten und/oder getrübtem Bewusstsein erfüllen Sinn, indem sie kräftigeren und gesünderen Menschen die Chance bieten, ihrerseits einen Sinn zu erfüllen, indem sie jene versorgen.

Verstehen beide Seiten ihr Zusammenspiel auf die angedeutete Weise, wird die Trauer wiederum zur »Erkenntnismeisterin«. Was hat Bedeutung im Leben? Das Auto in der Garage? Kaum. Dass der Partner einem das Fahren beigebracht hat? Dies schon eher. Und wenn er inzwischen verblödet ist? Dennoch. Echte Werte sind Liebeswerte, nicht Luxuswerte. Als solche werden sie oft gering geschätzt. Die Trauer hebt sie hoch.

Ein Ehepaar bat um meinen Rat in einer heiklen Angelegenheit. Die Ehefrau, die Trauerkleidung trug, berichtete, dass ihre seit Monaten bettlägerige Mutter vor wenigen Tagen in hohem Alter verstorben war. Das Problem sei aber nicht der Verlust ihrer Mutter, der zu erwarten gewesen war, sondern die Entscheidung, ob ihrem Vater Mitteilung vom Tod seiner Frau gemacht werden sollte. Auf meine Frage, wieso er nichts davon wusste, erhielt ich die folgende Erklärung:

Die Eltern der Frau waren ein »Goldenes Hochzeitspaar«. Nachdem die Mutter leidend geworden war, hatte der Vater ihre Pflege übernommen und jede zusätzliche Hilfe abgelehnt. Der Dienst an seiner Frau war zum Inhalt seines Lebens, zu seiner persönlichen Aufgabe geworden. Vor drei Wochen jedoch hatte er wegen einer akuten Herzattacke ins Krankenhaus eingeliefert werden müssen. Er lag auf der Intensivstation, und es stand schlecht um ihn. Wie viel er von seiner Umwelt registrierte, war ungewiss, aber zwischen den Phasen der Bewusstlosigkeit gab er nach Ansicht seiner Tochter und des Schwiegersohnes zu erkennen, dass ihn etwas quälte und beunruhigte. Auch würde er am Ehering an seinem Finger drehen. Deshalb vermutete die Tochter, ihr Vater plage sich mit dem Gedanken ab, er dürfe nicht krank darniederliegen, weil er zu Hause von seiner Frau gebraucht würde. Natürlich wusste er, dass man sich um sie kümmerte, aber in seinen Augen war es nicht dasselbe wie seine eigene Fürsorge, die seine Frau so lange gewöhnt gewesen war.

Es ist anzumerken, dass die Trennung von ihm wirklich eine starke Stress-Situation für die alte Frau geschaffen haben muss, nachdem sie direkt nach seiner Krankenhauseinlieferung gestorben ist. Doch, wie gesagt, war ihm dies bisher verschwiegen worden. Die Krankenhausärzte hatten davon abgeraten, dem Patienten die Hiobsbotschaft vom Tod seiner Frau ans Krankenlager zu bringen. Einige äußerten die Befürchtung, es würde ihn vor Aufregung umbringen. Andere meinten, er werde sowieso bald sterben, und man solle ihm diesen letzten Schock ersparen.

Die Erwägungen der Ärzte hatten ihre Richtigkeit. In der Optik der beiden Halbkreise aus unserer Symbolik flammt allerdings ein zusätzlicher Aspekt auf. Der alte Mann hatte ein volles Leben gelebt und an Nachkommen weitergereicht. Er hatte seine beruflichen Pflichten treu erledigt, sich durch die schweren Jahre durchgekämpft, die guten Jahre genossen, und sich schließlich in den späten Jahren für die Pflege seiner Frau aufgeopfert. Eine an Werten überaus reiche menschliche Existenz war verwirklicht worden, auf die er zu Recht mit Stolz zurückblicken konnte. Nur ein Wermutstropfen war geblieben: eine Aufgabe war nicht zu Ende geführt. Der Kreis war nicht ganz geschlossen. Die Betreuung seiner geliebten Partnerin war – in seinen Augen! – unterbrochen worden. Hier schlich sich womöglich eine bange Trauer in sein Herz und raubte ihm die innere Ruhe, ließ ihn nicht in Frieden sterben. Die Tochter kannte ihren Vater und spürte, was in ihm vorging.

Deswegen empfahl ich dem Ehepaar, dem Vater (entgegen den ärztlichen Bedenken) auf schonende Weise zu vermitteln, dass ihm seine Frau bereits vorausgegangen war, und dass er sich keine Sorgen mehr um sie zu machen brauchte. Es war zu hoffen, dass der alte Mann dann auch die letzte Aufgabe, die er sich in seinem Leben gestellt hatte, als vollendet erachten und entsprechend erleichtert die Augen würde schließen können.

Nach Wochen erhielt ich eine positive Rückmeldung vom Schwiegersohn. Der Schwiegervater habe die Nachricht vom Tod seiner Frau sehr gelassen aufgenommen. Er habe mehrmals mit dem Kopf genickt und geflüstert: »Jetzt geht es ihr gut …« Er habe noch länger gelebt als erwartet, habe die meiste Zeit geschlafen und dabei einen gelösten und entspannten Gesichtsausdruck gezeigt. Im Tod haben die Finger seiner linken Hand den Ehering fest umschlungen gehalten. Den Ring – Symbol eines glorreich zu Ende gelungen Sinnkreises seines Lebens.

Die Schöpfung verliert ihre Toten nicht

Wilhelm Gräb schrieb 1995 in dem von ihm herausgegebenen Buch »Urknall oder Schöpfung« den berühmten Satz nieder: »Die Natur verliert ihre Toten, die Schöpfung verliert sie nicht«. Seither haben sich hervorragende Denker (u. a. Günter Ewald in seinen Bochumer Vorlesungen) damit beschäftigt. In ihre Reihe wage ich mich nicht einzugliedern. Ein paar Gedanken dazu möchte ich jedoch an den Leser herantragen.

Der Ausdruck »Natur« wird hier für die Menge der biologischen Prozesse verwendet. Ihr Prinzip ist, alles einer Wiederverwertung zuzuführen, sei es das Wasser, seien es die Organismen, die ihm entsprungen sind. Wird beispielsweise eine Gazelle von einer Horde Löwen erlegt und gefressen, verschwindet ihre Wesenheit »Gazelle« in den Wesenheiten »Löwen«. Die Gazelle ist *kein Wesen für sich* mehr, wenngleich andere Lebewesen an ihr partizipieren. Es ist ähnlich, wie eine Wolke im Regen, der aus ihr herausrinnt, verschwindet, sobald sich der Himmel klärt. Nicht dass ihre Feuchtigkeit zu Nichts würde – das Fleisch der Gazelle löst sich auch nicht in Nichts auf -, aber das Vorhandensein jener Wolke ist vorüber. Selbstverständlich unterliegt auch der menschliche Organismus diesem Wiederverwertungsprinzip der Natur. Er verschwindet im Mutterboden der Erde, aus der neue Generationen entsprießen. Insofern verliert die Natur nicht nur ihre Wolken, um aus ihnen Bäche zu formen, sondern gleichermaßen ihre Toten, um aus ihnen – auf unvorstellbaren Wegen – Lebende zu formen.

Wofür steht nun der Ausdruck »Schöpfung« in Gräbs Zitat? Man könnte sagen: für einen Weltentwurf, der den in »Ebenbildlichkeit« kreierten selbst- und sinnbewussten Geist mit einbezieht, der sich mit einem hochausgereiften Organismus in Personalunion verbindet. Die Schöpfung schließt das Menschliche am Menschen mit ein. Damit übersteigt sie die rein biologischen Prinzipien des Materiellen, bzw. koppelt sie mit den Geheimnissen des Spirituellen. Da aber die Raum- und Zeitlosigkeit (»Ewigkeit«) zu den geheimnisvollsten Merkmalen des Spirituellen gehört, und alles, was verfällt und in anderen Wesenheiten untergeht, nur in Raum und Zeit verfallen und untergehen kann, muss der selbst- und sinnbewusste Geist einer Person mit sich identisch bleiben, unverschwunden und nie mehr wieder verwertet, kurz, ganz er selbst. Die Schöpfung verliert ihre Toten (geistigen Personen) nicht.

Hören wir, wie der exzellente Wissenschaftler und Nobelpreisträger John C. Eccles am Ende seiner sich über Jahrzehnte erstreckenden Hirnforschung beim Geheimnis anlangte: »Der selbstbewusste Geist tritt als identitätsstiftende Wirkung dem materiellen Leib gegenüber ... Er selektiert aus einer Vielzahl von Zentren auf der höchsten Ebene der Hirnaktivität gemäß der Aufmerksamkeit und integriert von Augenblick zu Augenblick seine Wahl, um auch den flüchtigsten Erfahrungen eine Einheit zu verleihen ... er übt eine überlegene interpretierende und kontrollierende Rolle auf die neuronalen Ereignisse aus ... Was geschieht im Tod? Dann steht die cerebrale Aktivität für immer still. Der selbstbewusste Geist findet nun, dass das Gehirn, das er abtastet und sondiert und so erfolgreich während eines langen Lebens kontrolliert hat, überhaupt keine Meldung mehr gibt. Was dann geschieht, ist die letzte Frage.« (Popper/Eccles, 1996, S. 436/448)

Eine Letztfrage ist unbeantwortbar. Oder allenfalls mit einer Negativ-Aussage beantwortbar, etwa nach Viktor E.

Frankl: Die Person ist im Raume nirgends – also auch nicht im Hirn – und auch nicht im Grab.

Können solch schwierige Überlegungen bei der Trauerarbeit helfen? Vielleicht doch.

Die Schöpfung hat die Natur auf Leben hin angelegt. Die heutige Physik fördert die erstaunlichsten Beweise dafür zutage. Unser Weltall dehnt sich wie ein riesiger dreidimensionaler Ballon mit großer Geschwindigkeit (nach dem Slipher-Hubble-Gesetz) aus. Ohne diese Ausdehnung würden sich alle Planeten auf mindestens 6000 Grad Celsius aufheizen und kein Leben wäre möglich. Wäre die Expansionsgeschwindigkeit des Kosmos eine Sekunde nach dem so genannten Urknall um ein Billionstel geringer gewesen als sie war, hätte sich das Universum schon nach 50 Millionen Jahren wieder zusammengezogen und wäre kollabiert. Umgekehrt wäre es bei einer schnelleren Ausdehnung zu keiner Bildung von Galaxien gekommen. Die Expansion hätte »die Materie auseinander getrieben, wie ein starker Wind den Nebel zerstreut« (Reinhard Breuer, Astrophysiker in München).

Ein weiterer Hinweis: Die beiden Wasserstoffatome in einem Wassermolekül liegen bezüglich des Sauerstoffatoms nicht exakt gegenüber, sondern in einem Winkel von 104,5 Grad. Der Winkel dürfte weder 103 Grad, noch 106 Grad betragen, sonst besäße Wasser nicht die für biologisches

Leben notwendigen Eigenschaften, z.B. in Bäumen Dutzende Meter hochsteigen zu können. Bisher hat sich kein physikalischer Grund für die Winkelneigung von 104,5 Grad gefunden. Solchen Phänomenen wären noch etliche hinzuzufügen.

Glauben wir es ruhig: Die Schöpfung hat die Natur auf Leben hin angelegt. Und Leben gipfelt in der Existenz eines selbst- und sinnbewussten Geistes. Wie könnte ein derartiger Aufwand des Universums »veranstaltet« worden sein, wenn alles wieder spurlos verschwinden soll? Nein, unsere lieben Toten waren gewollt, *urgewollt* wie wir Lebenden auch. Die Schöpfung, die milliardenjährige Wunder vollbracht hat, um uns ins Sein zu rufen, lässt uns nicht ins Nichts fallen.

Die lebende Reliquie – ein Dichterwort

Zu welch schwindelnden Höhen innerer Weisheit und heroischer Einwilligung in das unbegreifliche Geschick sich der menschliche Geist aus tiefster Trauer aufzuschwingen vermag, hat der russische Schriftsteller *Iwan Sergejewitsch Turgenjew* in seiner Novelle: »Die lebende Reliquie« (Fischer Bücherei, 1965) aus dem 19. Jahrhundert meisterhaft dargelegt. Lassen wir uns von seinem Dichterwort anrühren.

Ein Jäger betritt auf seinem Streifzug durch den Wald einen halbgeöffneten Schuppen und findet darin unter Decken eine kleine Gestalt.

Der Kopf völlig eingetrocknet, bronzefarben – eine Ikone alten Stils; die Nase schmal wie ein Messerrücken; die Lippen kaum zu sehen, nur die Zähne schimmern weiß und die Augen, und unter dem Kopftuch hervor fallen dünne Strähnen gelben Haares auf die Stirn. Am Kinn, auf einer Falte der Decke, bewegen sich langsam, mit den Fingern wie mit Stöckchen ausgreifend, zwei winzige, gleichfalls bronzefarbene Hände. Das Gesicht ist keineswegs hässlich, sogar schön, aber schrecklich, ungewöhnlich. Es erscheint noch schrecklicher, als auf ihm, auf seinen metallischen Wangen – ein Lächeln aufglimmt und sich nicht auszubreiten vermag.

Allmählich erkennt er in der seltsamen Gestalt Lukerja, die ehemals größte Schönheit im ganzen Hofgesinde, die stets lachende, singende und tanzende Lukerja, der alle jungen Burschen nachgelaufen sind. Er setzt sich zu ihr, neugierig zu erfahren, wie sie »ins Elend geraten« ist. Sie berichtet von ihrer Liebesgeschichte mit Wasilij, und wie sie eines Nachts aufstand, vermeinte, seine Stimme zu hören, und davon angelockt über eine Treppe gestürzt ist.

»Seit jenem Vorfall«, fuhr Lukerja fort, »schrumpfte ich langsam ein und kam immer mehr von Kräften; dann bekam ich den schwarzen Brand; das Gehen fiel mir schwer, und bald konnte ich die Beine überhaupt nicht mehr bewegen; bald war es mit dem Stehen und Sitzen vorbei ... Auch essen wollte ich nicht mehr; immer schlim-

mer und schlimmer wurde es. Die Ärzte haben mir keine Linderung verschafft ... Was haben sie alles angestellt mit mir! Mit einem glühenden Eisen den Rücken gebrannt, nackt in gestoßenes Eis gesetzt – nichts hat geholfen. Schließlich verknöcherte ich und wurde ganz steif ... Darauf haben die Herren beschlossen, dass ich nicht zu kurieren sei; und da es auch unziemlich ist, in einem herrschaftlichen Haus einen Krüppel zu halten, so haben sie mich hierher geschickt.«

»Aber deine Lage ist doch entsetzlich!« rief der Jäger aus. »Was hat denn Wasilij gemacht?«

Das war eine sehr dumme Frage. Lukerja wandte ihren Blick etwas zur Seite. »Was er – ? Ein bisschen gejammert, und eine andere geheiratet. Er hat mich geliebt, aber er war ein junger Mann, da konnte er doch nicht ledig bleiben. Er hat eine hübsche und gute Frau gefunden – auch Kinder haben sie. Er lebt hier in der Nachbarschaft und es geht ihm Gott sei Dank sehr gut.«

In diesem Textabschnitt begegnen wir einer besonders tapferen Trauerverarbeitung. Die junge kranke Frau gönnt ihrem einstigen Geliebten sein Familienglück, obwohl sie selbst nicht daran beteiligt sein kann! Ihre Liebe zu ihm ist stärker als die Macht ihres grausamen Schicksals.

Wie wenig Macht sie dem Schicksal über ihre Seele erlaubt, zeigt auch beeindruckend die nächste Passage:

»Und ist dir nicht langweilig, hast du nicht Angst, arme Lukerja?«

»Was soll man tun? Ich will nicht lügen – anfangs fiel es mir sehr schwer; aber dann gewöhnte ich mich daran und lernte, geduldig zu werden – macht nichts; manchen geht es noch schlechter.«

»Wie ist das möglich?«

»Nun, mancher hat kein Dach über dem Kopf. Mancher ist blind oder taub. Ich dagegen sehe ausgezeichnet und höre alles. Selbst wenn ein Maulwurf in der Erde wühlt, höre ich es. Und jeglichen Duft nehme ich wahr … mag er auch noch so schwach sein! Wenn der Buchweizen im Feld aufblüht oder die Linde im Garten – niemand braucht es mir zu sagen. Ich rieche es sofort. Nur der Wind muss von dort her wehen. Nein, vielen geht es schlechter als mir.

Lukerja schätzt ihre Situation durchaus realistisch ein. Aber die Wahrheit ist eben facettenreicher, als sie auf den ersten Blick dünkt. Das hat die junge kranke Frau präzise erkannt. Leid ist »ohne Grenzen«. Zu jedem Armen gibt es noch Ärmere, und zu jedem Traurigen noch Traurigere. Lukerja schreitet diese Erkenntnis voll aus: Wenn es Ärmere und Traurigere als sie gibt, hat sie noch irgendeinen »Freudensgrund«, z.B. die Wahrnehmung des Duftes blühender Bäume. Was tut sie? Sie intensiviert ihre »Freudensgründe«:

»Ich schaue und horche. Eine Taube setzt sich auf das Dach und beginnt zu gurren; die Gluckhenne kommt mit ihren Küchlein herein, um Krümel aufzupicken; und mitunter verfliegt sich ein Spatz – dann habe ich meine Freude an ihnen. Vor zwei Jahren haben sogar Schwalben dort in der Ecke ein Nest gebaut und ihre Jungen ausgebrütet. Wie unterhaltsam es doch war!«

Sie biss sich auf die eingetrockneten Lippen. »Nun, im Winter geht es mir natürlich schlechter, weil es dunkel ist; eine Kerze anzustecken ist zu schade, und wozu auch? Ich kann zwar lesen und habe früher gerne gelesen, doch was sollte ich lesen? Bücher sind keine hier ... und selbst wenn es sie gäbe, wie sollte ich ein Buch halten? ... Aber wenn es auch finster ist, gibt es doch allerhand zu hören: ein Heimchen zirpt, oder eine Maus beginnt irgendwo zu nagen ...«

Der Jäger kann ihre ruhige Gelassenheit nicht fassen und spricht die Kranke auf ihre Einsamkeit an. Doch gerade aus der meditativen Stille, in die sie sich versenkt, holt sie ihre ungebrochene Lebensbejahung.

»Ich liege manchmal so da, und es ist mir, als wäre ich ganz allein auf der Welt. Nur ich allein lebe! Und es kommt mir vor, als hielte etwas seine schützende Hand über mich ...

Dann packt mich die Nachdenklichkeit – es ist ganz merkwürdig!«

»Worüber denkst du dann nach, Lukerja?«

»Das lässt sich nicht erklären. Man vergisst es nachher auch wieder. Es schwebt über mich hinweg, es ist so erfrischend, und es wird so schön, doch was es ist – das begreifst du nicht! Nur kommt mir der Gedanke: wenn Leute um mich wären, würde nichts dergleichen geschehen – und ich bekäme nichts zu spüren als mein Unglück.«

Lukerja seufzte beschwerlich. Die Brust gehorchte ihr nicht – ebenso wenig wie die anderen Glieder.

Die junge Frau, die einst eine herrliche Stimme hatte, versucht dem Jäger ein Liedchen vorzusingen. Es überanstrengt sie, und eine Träne glänzt in ihren Wimpern auf. Er trocknet diese mit einem Taschentuch, das er Lukerja schenkt. Ihre Züge röten sich leicht. Als Gegengabe offenbart sie ihm ihre Träume. In einem sieht sie sich über ein weites Wiesenfeld laufen, um Kornblumen zu pflücken, von einem bissigen Hündchen verfolgt, das sie daran hindert. Plötzlich reicht ihr eine weiß gekleidete Gestalt die Hand und zieht sie mit sich empor. Das Hündchen muss von ihr ablassen.

»Erst da begriff ich, dass dieses Hündchen – meine Krankheit ist, und dass im Himmelreich kein Platz für sie sein wird.«

Im Traum enthüllt sich ihr Urvertrauen, aber auch die beachtliche (anthropologische) Einsicht, dass sie als Person mehr als ihre Krankheit ist. Sie vermag sich vom »Hündchen« zu distanzieren, was sie davor rettet, von ihm psychisch »aufgefressen« zu werden.

Lukerja fügt eine weitere »traumhafte« Idee hinzu: den Opfergedanken. Sie hat eine Vision, wonach ihre verstorbenen Eltern sie im Schuppen besuchen und sich tief vor ihr verneigen. Sie fragt Mütterchen und Väterchen, warum.

»Du bist mit dem Verbüßen deiner Sünden längst fertig. Jetzt hilfst du mit deinem Leiden unsere Sünden tilgen.«

Das heißt, die junge kranke Frau ringt ihrem scheinbar sinnlosen Leiden eine klar definierte Sinnkomponente ab, indem sie es für das Seelenheil ihrer Eltern aufopfert. Sie will nicht umsonst elendiglich darnieder liegen.

Am Ende ihrer Unterhaltung mit dem Jäger ist sie völlig erschöpft. Sie hüstelt und stöhnt. Er erkundigt sich, ob er noch etwas für sie tun könne.

»Gar nichts brauche ich; ich bin mit allem zufrieden«, stieß sie mit großer Anstrengung, aber dennoch sehr gerührt, hervor. »Aber Herr, könntet Ihr nicht veranlassen, dass den hiesigen Bauern eine Kleinigkeit vom Pachtzins abgelassen werde? Sie haben zu wenig Grund und Boden und fast kein Weideland ... Sie würden für euch beten ...«

Der Jäger gab Lukerja das Wort, sich dafür zu verwenden, und ging schon auf die Tür zu, als sie ihn noch einmal zurückrief. »Wisst Ihr noch, Herr«, sagte sie – und etwas Wundervolles blitzte in ihren Augen auf und umspielte ihre Lippen, »was für einen herrlichen Zopf ich hatte? Könnt Ihr euch erinnern – bis an die Knie! Ich konnte mich lange nicht entschließen ... Das waren Haare ... Aber wie sollte ich sie mir kämmen? In meiner Lage! ... Da habe ich sie mir abschneiden lassen ... Ja ... Nun, lebt wohl! Ich kann nicht mehr ...«

Kein Zweifel, Lukerja hat den Kelch der Trauer bis zum letzten Tropfen – dem herrlichen Zopf, Attribut ihrer verlorenen Gesundheit, Jugend und Schönheit – ausgetrunken. Und trotzdem: ihr einziger Wunsch betrifft die armen Bauern der Umgebung, denen geholfen werden soll. Mit seiner »lebenden Reliquie« legte Turgenjew Zeugnis dafür ab, eines welchen Herzensreichtums der Mensch in seiner Trauer noch fähig ist.

Abschiedlich leben

Elisabeth Kübler-Ross hat ihren Leserinnen und Lesern den Rat hinterlassen, »abschiedlich« zu leben. Ihre Empfehlung peilt nicht nur die Enttabuisierung des Todes an. Sie mahnt zum behutsamen Umgang mit den uns geliehenen Gütern und den uns anvertrauten Menschen.

Eine heilsame Übung dazu ist die folgende: Man gehe einmal durch seine Wohnung, als müsste man von ihr Abschied nehmen (zum Beispiel, weil man in ein Altenheim umsiedelt). Man lege seine Hand auf dieses und jenes Möbelstück und erinnere sich, wann und mit wem man es erstanden hat. Man streichle eine Geburtstagsvase, ein Hochzeitsgeschirr, ein besonders geschätztes Buch oder die Klaviernoten, aus denen man oft gespielt hat. Man betrachte den in Raten abgestotterten Perserteppich, die bestickten Vorhänge, die Schmuckschatulle. Nichts kann man mitnehmen, aber es war schön, dass diese Dinge mit ihren

Verknüpfungen zur eigenen Persönlichkeitsentfaltung da gewesen sind. Wunderschön! Dann lasse man alle Dinge bewusst los, gebe sie in der Phantasie für andere, vielleicht fremde Menschen hin, die sie noch brauchen können – und spüre in sich eine frohe Leichtigkeit und innere Freiheit. An diesem Punkt angelangt, darf man sich aus der Übung »aufwecken« und wieder zur Tagesordnung schreiten. Analog dazu kann man auch einmal mit einem nahe stehenden Menschen sprechen, als wäre es das letzte gemeinsame Gespräch mit ihm. Man wird staunen, welch bewegende Dichte der Kommunikation diese Vorstellung erzeugt.

Zu den genannten Übungen passt ein Gleichnis, wonach man bei seiner Geburt einen Korb erhält, mit dem man durch einen Garten spazieren gehen darf, um Obst einzusammeln. Es lässt sich freilich nur aufheben und pflücken, was vorhanden ist. Manch einer hat Pech und pflückt unreife oder wurmstichige Früchte. Ein anderer hat Glück mit seiner Ernte. Wesentlich jedoch ist, dass der Korb zum Einsammeln und (!) Austeilen gedacht ist. Man füllt ihn mit rotbackigen Äpfeln, nährt sich davon und reicht die Hälfte weiter, um Platz für die Birnen zu schaffen. Sind die Birnen im Korb, wandert wieder ein Teil an Darbende, damit Zwetschgen und Nüsse aufgenommen werden können ... Am Ende des Spaziergangs, wenn jede Frucht verwendet worden ist, wird schließlich der leere Korb mit Dank zurückgelegt. Die wahre Ernte ist nicht im Korb. Sie ist mit der Mühe des Sammelns und mit der Güte des Austeilens in die Ewigkeit eingefahren worden.

»Abschiedlich« leben heißt, leben ohne Todesangst, Verzweiflung und seelische Zusammenbrüche. Es heißt, leben mit Freude und Trauer, wie es kommt, im steten Bewusstsein, in einer vergänglichen Welt an Werten teilhaben zu dürfen, die der Tod nicht zerstören kann, weil sie einer übergeordneten Welt entstammen. »Abschiedlich« leben heißt, nicht krallen, nicht festhalten wollen, den »Korb« nicht überladen. Häufig sagt jemand, er würde vieles anders entscheiden, wenn er ein zweites Mal sein Leben beginnen könnte. Nun, »abschiedlich« leben heißt auch, gleich beim ersten – und einzigen – Mal unseres Lebens so freundlich und großzügig sein, wie man es aus der Perspektive des Abschieds gerne gewesen wäre.

Da vom Abschied die Rede ist, möchte ich nach Elisabeth Kübler-Ross' Vorbild meinen Leserinnen und Lesern ebenfalls einen Rat hinterlassen. Es drängt mich, vor allem denen etwas zu »vermachen«, die in seelischen Nöten sind, denn ihnen hat mein gesamtes berufliches Wirken gegolten. Wohl weiß ich: Im Prinzip steht jeder mit seiner Not allein da, im ganzen Universum. Auch professionelle Hilfe stößt

an Grenzen. Aber gerade an seinen Grenzen ahnt der Mensch nicht selten eine ihn überwältigende übermenschliche Gegenwart. Hier also mein »Vermächtnis«, ein Resümee nach 26 Jahren klinisch-therapeutischer Praxis:

»Glaubt nicht an die Utopie der Wissenschaft, die Dinge mittels Technik und Pillen wieder ins Lot bringen zu können! Technik und Pillen sind inhuman, wenn sie sich nicht vereinen mit dem Geist der Liebe. Setzt nicht auf die moderne Priesterschaft der Psychologen und Psychotherapeuten und deren Heilsversprechen! Sie sind außerstande, es zu erfüllen. Gebt euch nicht der Illusion hin, politische, sektiererische oder sonst clevere Führerfiguren würden eure Probleme lösen! Sie werden euch hauptsächlich für egoistische Zwecke benützen. Verfällt trotzdem nicht der Resignation in der Annahme, alles sei hoffnungslos! Echte Hoffnung übersteigt das Erreichbare bzw. Unerreichbare dieser Welt.

Besinnt euch stattdessen auf eure eigenen Seelenkräfte! Ihr seid einzigartige Personen, und als solche »durchtönt« (personare = durchtönen, lat.) von einem Akkord, in dem die ganze Fürsorge des Schöpfers für seine Geschöpfe zusammenklingt. Ihr seid urgewollt, urwillkommen und gebeten, die Menschengemeinschaft zukunftsträchtig mitzugestalten. Was ihr braucht, um euren Auftrag zu erfüllen, ist euch mitgegeben. Da fehlt nichts, trotz gewisser Schwächen und Mängel. Es ist genug in euch, auf dass ihr selber zu einem Akkord werdet, in dem eure zärtliche Fürsorge für das euch Anvertraute mitschwingt. Im aktiven Sorgen für etwas oder jemanden schrumpfen eure eigenen Sorgen.

Besinnt euch auf eure Familie. Es ist kein Friede im Leben, solange kein Friede herrscht mit den Nahestehenden. Die Familie ist in unserem Kulturkreis klein geworden, aber wenn ihr ein weites Herz habt, könnt ihr sie ein wenig ausdehnen. Dann gehört auch noch der geschiedene Partner dazu, die entfernt verwandte Cousine, der Sohn der Freundin, der gute Freund oder die Nachbarsfrau. Habt Geduld und Nachsicht mit den Fehlern eurer Familienmitglieder und werft nicht den ersten Stein. Übt euch im Zuhören, im Versuch, zu verstehen, im milde Reagieren. Eure innere Not, Angst oder Zerrissenheit mag gewaltig sein, doch ein harmonisches Familienklima ist das beste Heilklima, das es gibt.

Ich weiß, dass ihr nicht böse seid, obwohl ihr euch zeitweise höchst aggressiv benehmt, sogar euch selbst gegenüber. Ständig wollt ihr etwas verteidigen, erzwingen, schützen, verbergen, etc. Das braucht ihr nicht. Lasst einfach los, ihr seid behütet! Klammert nicht am Leichten und Bequemen, flieht nicht das Schwierige und Unbequeme, wagt das Abenteuer des Guten und Edlen. Öffnet euch für die Angebote des Tages, denn jeder ist einer von abgezählt vielen Tagen. Jeder kann euer letzter sein. Bedenkt dies bei euren Handlungen und bei den Gesprächen mit den Mitmenschen, dann werdet ihr eure Taten und Worte sorgfältig wählen.

Und vergesst darüber den Dank nicht, denn: nichts ist/war »verdient«, alles ist/war Geschenk – auf Zeit. Betrauert ihr es *nach* dem Ablauf seiner Zeit, dann sollt ihr es auch würdigen *vor* dem Ablauf seiner Zeit!«

Oder ist es wirklich umgekehrt: Können wir Erdenbewohner nur etwas würdigen, nachdem wir getrauert haben? Ist das der Trauer tiefster Sinn?

Nur wer die dunklen Wolken
je gesehen hat
kann das Blau des Himmels
ganz ermessen.

Nur wer einmal
ganz allein am Ufer steht
lernt zu fragen
wo die Brücken sind.

Nur wer die Einsamkeit
geatmet hat
kann sich an der lauten Turbulenz
der Feste freuen.

Nur wer die stillen Täler
des Leides durchschritten hat
kann sich an den Blumen
der Wüste freuen.

Hermann Traub

Aus: Trotzdem geliebt. Trost für schwere Stunden, Verlag Johannis, Lahr 1995

Über die Autorin

ELISABETH LUKAS, Dr. phil., Jahrgang 1942, in Wien geboren, ist Klinische Psychologin und Psychotherapeutin. Sie war Schülerin von Viktor E. Frankl, dem Begründer der »Dritten Wiener Schule der Psychotherapie«, der so genannten Logotherapie, und leitete bis Ende 2002 das »Süddeutsche Institut für Logotherapie GmbH« in Fürstenfeldbruck bei München. Vorlesungen auf Einladung von ca. 50 Universitäten sowie ihr reichhaltiges Schrifttum machten sie international bekannt.

Bedeutende Werke von ihr sind

Alles fügt sich und erfüllt sich. Die Sinnfrage im Alter, Quell, Gütersloh, 6. Auflage 2001

Arzt und Philosoph. Zum 100. Geburtstag von Viktor E. Frankl, Profil, München, 2005

Auf den Stufen des Lebens. Meine bewegendsten Fallbeispiele aus der Seelenheilkunde, Quell, Gütersloh, 2001

Familienglück. Verstehen, annehmen, lieben, Kösel, München, 2001

Freiheit und Identität. Logotherapie bei Suchtproblemen, Profil, München, 2. Auflage 2004

Für dich. Heilende Geschichten der Liebe, Kösel, München, 2003

In der Trauer lebt die Liebe weiter. Fotos von Rita Briese, Kösel, München, 3. Auflage 2002

Kleines 1 × 1 der Seelenheilkunde. Impulse zur Selbsthilfe, Quell, Gütersloh, 2003

Konzentration und Stille. Logotherapie bei Tinnitus und chronischen Krankheiten, Profil, München, 2. Auflage 2001

Lebensstil und Wohlbefinden. Logotherapie bei psychosomatischen Störungen, Profil, München, 3. Auflage 2004

Lehrbuch der Logotherapie. Menschenbild und Methoden, Profil, München, 2. Auflage 2003

Psychotherapie in Würde. Sinnorientierte Lebenshilfe nach Viktor E. Frankl, Beltz, Weinheim, Neuausgabe 2003

Rendezvous mit dem Leben. Ermutigungen für die Zukunft, Kösel, München, 2. Auflage 2001

Sehnsucht nach Sinn. Logotherapeutische Antworten auf existentielle Fragen, Profil, München, 3. Auflage 2004
Spannendes Leben. In der Spannung zwischen Sein und Soll – ein Logotherapiebuch, Profil, München, 3. Auflage 2003
Spirituelle Psychologie. Quellen sinnvollen Lebens, Kösel, München, 4. Auflage 2004
Verlust und Gewinn. Logotherapie bei Beziehungskrisen und Abschiedsschmerz, Profil, München, 2002
Vom Sinn des Augenblicks. Facetten erfüllten Lebens, Kösel, München, 2002
Weisheit als Medizin. Viktor E. Frankls Beitrag zur Psychotherapie, Quell, Gütersloh, 2. Auflage 2001
Wertfülle und Lebensfreude. Logotherapie bei Depressionen und Sinnkrisen, Profil, München, 2. Auflage 2003
Wie Leben gelingen kann. 30 (31) Geschichten mit logotherapeutischer Heilkraft, Quell, Gütersloh, 4. Auflage 2000
Worte können heilen. Meditative Gedanken aus der Logotherapie, Quell, Gütersloh, 2. Auflage 2003

Anschrift der Autorin

Dr. Elisabeth Lukas
Iglseegasse 13, A-2380 Perchtoldsdorf bei Wien/Österreich
Telefon ++43 (0)1 / 8693769, Handy +43 (0)699 / 14297571
Fax ++43 (0)1 / 8653250
E-Mail: ABILE@logotherapie.com
Home-Page: www.logotherapie.com

Über die Fotografin

Rita Briese, Jahrgang 1940, wurde in Hamburg geboren. Menschen und deren Kulturen bilden den Schwerpunkt ihrer fotografischen Arbeit. 1995 veröffentlicht sie zusammen mit Otto Zsok den Text-/Bildband »Thomas von Aquin – Urbild, Abbild, Spiegelung«. Sie lebt in München.